Impressum
Verlag: BABADADA GmbH, Nedderfeld 112 , 22529 Hamburg
Geschäftsführer / Verlagsleitung: Harald Hof
Druck: Books on Demand GmbH, In de Tarpen 42, 22848 Norderstedt

Imprint
Publisher: BABADADA GmbH, Nedderfeld 112 , 22529 Hamburg, Germany
Managing Director / Publishing direction: Harald Hof
Print: Books on Demand GmbH, In de Tarpen 42, 22848 Norderstedt

σχολική τάξη
salle de classe

διαιρώ
diviser

186/2

πίνακας
tableau noir

σχολική αυλή
cour (de récréation)

δάσκαλος
professeur

χαρτί
papier

γράφω
écrire

στυλό
stylo

γραφείο
bureau

χάρακας
règle

βιβλίο
livre

μαθητής
élève

σχολική τσάντα

cartable

κασετίνα/ μολυβοθήκη

trousse

μολύβι

crayon

ξύστρα

taille-crayon

γόμα

gomme

μπλοκ ζωγραφικής

carnet à dessin

ζωγραφική

dessin

πινέλο

pinceau

κουτί χρωμάτων

boîte de peinture

ψαλίδι

ciseaux

κόλλα

colle

τετράδιο ασκήσεων

cahier d'exercices

εργασία για το σπίτι

devoirs

αριθμός

chiffre

προσθέτω

additionner

αφαιρώ

soustraire

πολλαπλασιάζω

multiplier

υπολογίζω

calculer

γράμμα

lettre

αλφάβητο

alphabet

λέξη

mot

κείμενο

texte

διαβάζω

lire

κιμωλία

craie

μάθημα

leçon

εγγράφομαι

livre de classe

τεστ

examen

πιστοποιητικό

certificat

μαθητική στολή

uniforme scolaire

εκπαίδευση

formation

εγκυκλοπαίδεια

lexique

πανεπιστήμιο

université

μικροσκόπιο

microscope

χάρτης

carte

καλάθι αχρήστων

corbeille à papier

ξενοδοχείο
hôtel

ξενώνας
auberge

ανταλλακτήρια συναλλάγματος
bureau de change

βαλίτσα
valise

αυτοκίνητο
voiture

γλώσσα
langue

ναι / όχι
oui / non

εντάξει
d'accord

γεια σου
Salut

μεταφραστής
interprète

Ευχαριστώ
merci

πόσο κάνει ;

Combien coûte...?

Δε καταλαβαίνω

Je ne comprends pas

πρόβλημα

problème

Καλησπέρα!

Bonsoir !

Καλημέρα!

Bonjour !

Καληνύχτα!

Bonne nuit !

Αντίο

Au revoir

κατεύθυνση

direction

αποσκευές

bagages

τσάντα

sac

σακίδιο πλάτης

sac-à-dos

καλεσμένος

hôte

δωμάτιο

pièce

υπνόσακος

sac de couchage

σκηνή

tente

τουριστικές πληροφορίες

office de tourisme

παραλία

plage

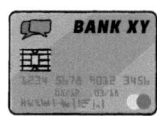

πιστωτική κάρτα

carte de crédit

πρωινό

petit-déjeuner

μεσημεριανό

déjeuner

δείπνο

dîner

εισιτήριο

billet

ανελκυστήρας

ascenseur

γραμματόσημο

timbre

σύνορα

frontière

τελωνείο

douane

πρεσβεία

ambassade

βίζα

visa

διαβατήριο

passeport

ταξίδι - voyage

αεροπλάνο
avion

πλοίο
navire

πυροσβεστικό όχημα
véhicule de pompiers

λεωφορείο
bus

φορτηγό
camion

χανοκίνητο σκάφος
teau à moteur

ποδήλατο
bicyclette

αυτοκίνητο
voiture

φεριμπότ

ferry

βάρκα

barque

μοτοσικλέτα

moto

περιπολικό

voiture de police

αγωνιστικό αυτοκίνητο

voiture de course

ενοικιαζόμενο αυτοκίνητο

voiture de location

διαμοιρασμός αυτοκινήτων

auto-partage

γερανός

voiture de remorquage

απορριμματοφόρο

benne à ordures

κινητήρας

moteur

καύσιμο

essence

βενζινάδικο

station d'essence

πινακίδα σήμανσης

panneau indicateur

κυκλοφορία

trafic

κυκλοφοριακή συμφόρηση

embouteillage

χώρος στάθμευσης

parking

σιδηροδρομικός σταθμός

gare

σιδηροδρομικές γραμμές

rails

τρένο

train

τραμ

tramway

βαγόνι

wagon

μεταφορά - transport

ελικόπτερο

hélicoptère

αεροδρόμιο

aéroport

πύργος

tour

επιβάτης

passager

εμπορευματοκιβώτιο

conteneur

χαρτοκιβώτιο

carton

καρότσι

chariot

καλάθι

corbeille

απογειώνομαι /
προσγειόνομαι

décoller / atterrir

πόλη
ville

χωριό

village

κέντρο της πόλης

centre-ville

σπίτι

maison

σινεμά
cinéma

διαφήμιση
publicité

λάμπα δρόμου
réverbère

CINEMA

οδός
rue

ταξί
taxi

ψιλικατζίδικο
kiosque

πεζός
piéton

πεζοδρόμιο
trottoir

κάδος απορριμμάτων
poubelle

διασταύρωση
carrefour

διάβαση πεζών
passage piéton

φανάρια
feux de circulation

καλύβα

cabane

διαμέρισμα

appartement

σιδηροδρομικός σταθμός

gare

δημαρχείο

mairie

μουσείο

musée

σχολείο

école

πόλη - ville

πανεπιστήμιο

université

τράπεζα

banque

νοσοκομείο

hôpital

ξενοδοχείο

hôtel

φαρμακείο

pharmacie

γραφείο

bureau

βιβλιοπωλείο

librairie

κατάστημα

magasin

ανθοπωλείο

fleuriste

σούπερ μάρκετ

supermarché

αγορά

marché

πολυκατάστημα

grand magasin

ιχθυοπωλείο

poissonnerie

εμπορικό κέντρο

centre commercial

λιμάνι

port

πάρκο

parc

παγκάκι

banque

γέφυρα

pont

σκάλες

escaliers

μετρό

métro

τούνελ

tunnel

στάση λεωφορείου

arrêt de bus

μπαρ

bar

εστιατόριο

restaurant

γραμματοκιβώτιο

boîte à lettres

πινακίδα δρόμου

panneau indicateur

παρκόμετρο

parcmètre

ζωολογικός κήπος

zoo

πισίνα

piscine

τζαμί

mosquée

πόλη - ville

αγρόκτημα
ferme

ρύπανση
pollution

νεκροταφείο
cimetière

εκκλησία
église

παιδική χαρά
aire de jeux

ναός
temple

τοπίο
paysage

φύλλο
feuille

πινακίδα κατεύθυνσης
panneau indicateur

δρόμος
chemin

λιβάδι
pré

πέτρα
pierre

δέντρο
arbre

πεζοπόρος
randonneur

ποτάμι
rivière

χορτάρι
herbe

λουλούδι
fleur

κοιλάδα

vallée

λόφος

montagne

λίμνη

lac

δάσος

forêt

έρημος

désert

ηφαίστειο

volcan

κάστρο

château

ουράνιο τόξο

arc-en-ciel

μανιτάρι

champignon

φοίνικας

palmier

κουνούπι

moustique

μύγα

mouche

μυρμήγκι

fourmis

μέλισσα

abeille

αράχνη

araignée

σκαθάρι

coléoptère

βάτραχος

grenouille

σκίουρος

écureuil

σκαντζόχοιρος

hérisson

λαγός

lièvre

κουκουβάγια

chouette

πουλί

oiseau

κύκνος

cygne

αγριογούρουνο

sanglier

ελάφι

cerf

άλκη

élan

φράγμα

barrage

ανεμογεννήτρια

éolienne

ηλιακός συλλέκτης

panneau solaire

κλίμα

climat

σερβιτόρος
serveur

κατάλογος
menu

καρέκλα
chaise

σούπα
soupe

πίτσα
pizza

μαχαιροπίρουνα
couverts

τραπεζομάντιλο
nappe

ορεκτικό

hors d'œuvre

κύριο πιάτο

plat principal

επιδόρπιο

dessert

ποτά

boissons

φαγητό

alimentation

μπουκάλι

bouteille

φαστ φουντ

fast-food

φαγητό στ' όρθιο

plats à emporter

τσαγιέρα

théière

δοχείο ζάχαρης

sucrier

μερίδα

portion

μηχανή εσπρέσο

machine à expresso

ψηλή καρέκλα

chaise haute

λογαριασμός

facture

δίσκος

plateau

μαχαίρι

couteau

πιρούνι

fourchette

κουτάλι

cuillère

κουταλάκι του τσαγιού

cuillère à thé

πετσέτα φαγητού

serviette

ποτήρι

verre

πιάτο

assiette

πιάτο σούπας

assiette à soupe

πιατάκι φλιτζανιού

soucoupe

σάλτσα

sauce

αλατιέρα

salière

μύλος για πιπέρι

moulin à poivre

ξύδι

vinaigre

λάδι

huile

μπαχαρικά

épices

κέτσαπ

ketchup

μουστάρδα

moutarde

μαγιονέζα

mayonnaise

σούπερ μάρκετ
supermarché

προσφορά
offre promotionnelle

πελάτης
client

γαλακτοκομικά προϊόντα
produits laitiers

φρούτα
fruits

καρότσι για ψώνια
chariot

κρεοπωλείο
boucherie

φούρνος
boulangerie

ζυγίζω
peser

λαχανικά
légumes

κρέας
viande

κατεψυγμένα τρόφιμα
aliments surgelés

αλλαντικά

charcuterie

κονσερβοποιημένη τροφή

conserves

απορρυπαντικό ρούχων

poudre à lessive

γλυκά

bonbons

οικιακά είδη

articles ménagers

καθαριστικά προϊόντα

détergents

πωλήτρια

vendeuse

ταμείο

caisse

ταμίας

caissier

λίστα για ψώνια

liste d'achats

ωράριο λειτουργίας

heures d'ouverture

πορτοφόλι

portefeuille

πιστωτική κάρτα

carte de crédit

τσάντα

sac

πλαστική σακούλα

sac en plastique

νερό

eau

χυμός

jus de fruit

γάλα

lait

κόκα κόλα

coca

κρασί

vin

μπίρα

bière

αλκοόλ

alcool

κακάο

chocolat chaud

τσάι

thé

καφές

café

εσπρέσο

expresso

καπουτσίνο

cappuccino

μπανάνα

banane

μήλο

pomme

πορτοκάλι

orange

πεπόνι

melon

λεμόνι

citron

καρότο

carotte

σκόρδο

ail

μπαμπού

bambou

κρεμμύδι

oignon

μανιτάρι

champignon

ξηροί καρποί

noisettes

νουντλς

pâtes

μακαρόνια

spaghetti

ρύζι

riz

σαλάτα

salade

πατατάκια

pommes frites

τηγανητές πατάτες

pommes de terre rôties

πίτσα

pizza

χάμπουργκερ

hamburger

σάντουιτς

sandwich

κοτολέτα

escalope

ζαμπόν

jambon

σαλάμι

salami

λουκάνικο

saucisse

κοτόπουλο

poulet

ψητό

rôti

ψάρι

poisson

χυλός βρώμης

flocons d'avoine

μούσλι

muesli

κορν φλέικς

cornflakes

αλεύρι

farine

κρουασάν

croissant

ψωμάκι

petits-pains

ψωμί

pain

τοστ

pain grillé

μπισκότα

biscuits

βούτυρο

beurre

τυρόπηγμα

le fromage blanc

κέικ

gâteau

αυγό

œuf

τηγανητό αυγό

œuf au plat

τυρί

fromage

φαγητό - alimentation

παγωτό

glace

ζάχαρη

sucre

μέλι

miel

μαρμελάδα

confiture

άλλειμμα σοκολάτας

crème nougat

κάρυ

curry

αγρόσπιτο
ferme

αχυρώνας
grange

δεμάτι άχυρου
botte de paille

χωράφι
champ

αλόγο
cheval

ρυμουλκούμενο
remorque

πουλάρι
poulain

τρακτέρ
tracteur

γάιδαρος
âne

αρνί
agneau

πρόβατο
mouton

κατσίκα
chèvre

αγελάδα
vache

μοσχαράκι
veau

γουρούνι
porc

γουρουνάκι
porcelet

ταύρος
taureau

χήνα
oie

πάπια
canard

κοτοπουλάκι
poussin

κότα
poule

κόκορας
coq

αρουραίος
rat

γάτα
chat

ποντίκι
souris

βόδι
bœuf

σκύλος
chien

σπιτάκι σκύλου
chenil

λάστιχο κήπου
tuyau de jardin

ποτιστήρι
arrosoir

θεριστήρι
faucheuse

αλέτρι
charrue

αγρόκτημα - ferme

δρεπάνι

faucille

τσάπα

pioche

δίκρανο

fourche

τσεκούρι

hache

χειράμαξα

brouette

ταΐστρα

cuve

δοχείο γάλακτος

pot à lait

σάκος

sac

φράχτης

clôture

στάβλος

étable

θερμοκήπιο

serre

έδαφος

sol

σπόρος

semences

λίπασμα

engrais

θεριζοαλωνιστική μηχανή

moissonneuse-batteuse

θερίζω

récolter

συγκομιδή

récolte

γιαμς

igname

σιτάρι

blé

σόγια

soja

πατάτα

pomme de terre

καλαμπόκι

maïs

κράμβη

colza

οπωροφόρο δέντρο

arbre fruitier

μανιόκα

manioc

δημητριακά

céréales

καμινάδα
cheminée

στέγη
toit

υδρορροή
gouttière

παράθυρο
fenêtre

γκαράζ
garage

κουδούνι
sonnette

πόρτα
porte

σκουπιδοτενεκές
poubelle

γραμματοκιβώτιο
boîte aux lettres

κήπος
jardin

σαλόνι
salon

μπάνιο
salle de bain

κουζίνα
cuisine

υπνοδωμάτιο
chambre à coucher

παιδικό δωμάτιο
chambre d'enfant

τραπεζαρία
salle à manger

πάτωμα

sol

τοίχος

mur

οροφή

plafond

κελάρι

cave

σάουνα

sauna

μπαλκόνι

balcon

βεράντα

terrasse

πισίνα

piscine

μηχανή του γκαζόν

tondeuse à gazon

σεντόνι

housse

κάλυμμα κρεβατιού

couette

κρεβάτι

lit

σκούπα

balai

κουβάς

sceau

διακόπτης

interrupteur

ταπετσαρία
papier peint

φωτογραφία
image

λάμπα
lampe

ράφι
étagère

ντουλάπι
armoire

τζάκι
cheminée

τηλεόραση
télé

λουλούδι
fleur

μαξιλάρι
coussin

βάζο
vase

καναπές
sofa

τηλεκοντρόλ
télécommande

χαλί
tapis

κουρτίνα
rideau

τραπέζι
table

καρέκλα
chaise

κουνιστή πολυθρόνα
chaise à bascule

πολυθρόνα
fauteuil

βιβλίο

livre

κουβέρτα

couverture

διακόσμηση

décoration

καυσόξυλα

bois de chauffage

ταινία

film

στερεοφωνικό σύστημα

chaîne hi-fi

κλειδί

clé

εφημερίδα

journal

πίνακας ζωγραφικής

peinture

αφίσα

poster

ραδιόφωνο

radio

σημειωματάριο

bloc-notes

ηλεκτρική σκούπα

aspirateur

κάκτος

cactus

κερί

bougie

ψυγείο
réfrigérateur

φούρνος μικροκυμάτων
four à micro-ondes

ζυγαριά κουζίνας
balance de cuisine

τοστιέρα
grille-pain

απορρυπαντικό
détergent

φούρνος
four

κατάψυξη
compartiment congélateur

σκουπιδοτενεκές
poubelle

πλυντήριο πιάτων
lave-vaisselle

κουζίνα

four

κατσαρόλα

casserole

μαντεμένια κατσαρόλα

marmite

γουόκ/καντάι

wok / kadai

τηγάνι

poêle

βραστήρας

bouilloire electrique

ατμομάγειρας

cuiseur vapeur

ταψί

plaque de cuisson

πιατικά

vaisselle

κούπα

gobelet

μπολ

coupe

ξυλάκια

baguettes

κουτάλα

louche

σπάτουλα

spatule

ανακατεύω

fouet

σουρωτήρι

passoire

σουρωτηράκι

tamis

τρίφτης

râpe

γουδί

mortier

ψησταριά

barbecue

ανοιχτή φωτιά

cheminée

σανίδα κοπής

planche à découper

πλάστης

rouleau à pâtisserie

ανοιχτήρι φελλών

tire-bouchon

κονσέρβα

boîte

ανοιχτήρι κονσέρβας

ouvre-boîte

γάντι φούρνου

maniques

νεροχύτης

lavabo

βούρτσα

brosse

σφουγγάρι

éponge

μπλέντερ

mixeur

καταψύκτης

congélateur

μπιμπερό

biberon

βρύση

robinet

κουζίνα - cuisine

θέρμανση
chauffage

ντους
douche

πετσέτα
serviette

κουρτίνα ντουζ
rideau de douche

αφρόλουτρο
bain moussant

μπανιέρα
baignoire

ποτήρι
verre

πλυντήριο ρούχων
machine à laver

πλακάκια
carrelage

βρύση
robinet

γιογιό
pot

νεροχύτης
lavabo

τουαλέτα	τούρκικη τουαλέτα	μπιντές
toilettes	toilette à la turque	bidet
ουρητήριο	χαρτί υγείας	πιγκάλ
urinoir	papier toilette	brosse à toilette

οδοντόβουρτσα

brosse à dents

οδοντόκρεμα

dentifrice

οδοντικό νήμα

fil dentaire

πλένω

laver

τηλέφωνο ντους

douche manuelle

ντουσιέρα

douche intime

λεκάνη

vasque

βούρτσα πλάτης

brosse dorsale

σαπούνι

savon

αφρόλουτρο

gel douche

σαμπουάν

shampooing

φανέλα

gant de toilette

σιφόνι

écoulement

κρέμα

crème

αποσμητικό

déodorant

καθρέφτης
miroir

καθρέφτης χειρός
miroir cosmétique

ξυραφάκι
rasoir

αφρός ξυρίσματος
mousse à raser

αφτερσέιβ
après-rasage

χτένα
peigne

βούρτσα
brosse

σεσουάρ
sèche-cheveux

λακ
laque pour cheveux

μακιγιάζ
fond de teint

κραγιόν
rouge à lèvres

βερνίκι νυχιών
vernis à ongles

βαμβάκι
ouate

ψαλίδι νυχιών
coupe-ongles

άρωμα
parfum

νεσεσέρ

trousse de toilette

σκαμπό

tabouret

ζυγαριά

pèse-personne

μπουρνούζι

peignoir

ελαστικά γάντια

gants de nettoyage

ταμπόν

tampon

πετσέτα υγιεινής

serviettes hygiéniques

χημική τουαλέτα

toilette chimique

ξυπνητήρι
réveil

λούτρινο ζωάκι
doudou

αυτοκινητάκι
voiture jouet

κουδουνίστρα
hochet

κουκλόσπιτο
maison de poupée

δώρο
cadeau

μπαλόνι

ballon

κρεβάτι

lit

καροτσάκι

poussette

τράπουλα

jeu de cartes

παζλ

puzzle

κόμικς

bande dessinée

τουβλάκια lego

pièces lego

τουβλάκια κατασκευών

blocs de construction

φιγούρα δράσης

figurine

βρεφικό φορμάκι

grenouillère

φρίσμπι

frisbee

μόμπιλο

mobile

επιτραπέζιο παιχνίδι

jeu de société

ζάρια

dé

σετ τρενάκι

train miniature

πιπίλα

sucette

πάρτι

fête

εικονογραφημένο βιβλίο

livre d'images

μπάλα

balle

κούκλα

poupée

παίζω

jouer

σκάμμα με άμμο

bac à sable

κούνια

balançoire

παιχνίδια

jouets

κονσόλα βιντεοπαιχνιδιών

console de jeu

τρίκυκλο

tricycle

αρκουδάκι

ours en peluche

ντουλάπα

armoire

ρούχα
vêtements

κάλτσες

chaussettes

καλτσοδέτες

bas

καλσόν

collant

κασκόλ
écharpe

ζώνη
ceinture

ομπρέλα
parapluie

μπλουζάκι
t-shirt

αθλητικά παπούτσια
baskets

μπότες
bottes

παντόφλες
pantoufles

σανδάλια
....
sandales

παπούτσια
....
chaussures

γαλότσες
....
bottes de caoutchouc

εσώρουχο
....
sous-vêtements

σουτιέν
....
soutien-gorge

φανέλα
....
maillot de corps

σώμα
body

παντελόνι
pantalon

τζιν παντελόνι
jean

φούστα
jupe

μπλούζα
chemisier

πουκάμισο
chemise

πουλόβερ
pull

πουλόβερ
sweat à capuche

σακάκι
veste

μπουφάν
veste

παλτό
manteau

αδιάβροχο πανωφόρι
imperméable

κοστούμι
costume

φόρεμα
robe

νυφικό
robe de mariée

κοστούμι

costume

νυχτικό

chemise de nuit

πιτζάμες

pyjama

σάρι

sari

μαντήλι

foulard

τουρμπάνι

turban

μπούρκα

burqa

καφτάνι

caftan

μουσουλμανικό ένδυμα

abaya

ολόσωμο μαγιό

maillot de bain

ανδρικό μαγιό

maillot de bain

σορτς

short

αθλητική φόρμα

tenue d'entraînement

ποδιά

tablier

γάντια

gants

κουμπί

bouton

γυαλιά

lunettes

βραχιόλι

bracelet

περιδέραιο

collier

δαχτυλίδι

bague

σκουλαρίκι

boucle d'oreille

καπέλο

bonnet

κρεμάστρα

cintre

καπέλο

chapeau

γραβάτα

cravate

φερμουάρ

fermeture éclair

κράνος

casque

τιράντες

bretelles

μαθητική στολή

uniforme scolaire

στολή

uniforme

σαλιάρα
bavoir

πιπίλα
sucette

πάνα
lange

γραφείο
bureau

σέρβερ
serveur

αρχειοθήκη
armoire d'archivage

εκτυπωτής
imprimante

οθόνη
écran

χαρτί
papier

γραφείο
bureau

ποντίκι
souris

ντοσιέ
classeur

πληκτρολόγιο
clavier

καλάθι αχρήστων
corbeille à papier

υπολογιστής
ordinateur

καρέκλα
chaise

κούπα του καφέ

tasse de café

κομπιουτεράκι

calculatrice

ίντερνετ

internet

λάπτοπ

ordinateur portable

γράμμα

lettre

μήνυμα

message

κινητό

portable

δίκτυο

réseau

φωτοτυπικό μηχάνημα

photocopieuse

λογισμικό

logiciel

τηλέφωνο

téléphone

πρίζα

prise

συσκευή φαξ

fax

έντυπο

formulaire

έγγραφο

document

αγοράζω

acheter

πληρώνω

payer

συναλλάσσομαι

faire du commerce

χρήματα

monnaie

 USD

δολάριο

dollar

 EUR

ευρώ

euro

 JPY

γιεν

yen

 RUB

ρούβλι

rouble

 CHF

ελβετικό φράγκο

franc suisse

 CNY

ρενμίνμπι γιουάν

renminbi yuan

 INR

ρουπία

roupie

ATM (αυτόματη ταμειακή μηχανή)

distributeur automatique

ανταλλακτήρια συναλλάγματος

bureau de change

χρυσός

or

ασήμι

argent

πετρέλαιο

pétrole

ενέργεια

énergie

τιμή

prix

συμβόλαιο

contrat

φόρος

taxe

μετοχή

action

δουλεύω

travailler

υπάλληλος

employé

εργοδότης

employeur

εργοστάσιο

usine

κατάστημα

magasin

αστυνόμος
agent de police

πυροσβέστης
pompier

μάγειρας
cuisinier

γιατρός
médecin

πιλότος
pilote

κηπουρός

jardinier

ξυλουργός

menuisier

μοδίστρα

couturière

δικαστής

juge

χημικός

chimiste

ηθοποιός

acteur

οδηγός λεωφορείου

conducteur de bus

ταξιτζής

chauffeur de taxi

ψαράς

pêcheur

καθαρίστρια

femme de ménage

τεχνίτης στεγών

couvreur

σερβιτόρος

serveur

κυνηγός

chasseur

ζωγράφος

peintre

αρτοποιός

boulanger

ηλεκτρολόγος

électricien

οικοδόμος

ouvrier

μηχανολόγος

ingénieur

κρεοπώλης

boucher

υδραυλικός

plombier

ταχυδρόμος

facteur

στρατιώτης
soldat

αρχιτέκτονας
architecte

ταμίας
caissier

ανθοπώλης
fleuriste

κομμωτής
coiffeur

ελεγκτής εισιτηρίων
contrôleur

μηχανικός
mécanicien

καπετάνιος
capitaine

οδοντίατρος
dentiste

επιστήμονας
scientifique

ραβίνος
rabbin

ιμάμης
imam

μοναχός
moine

ιερέας
prêtre

επαγγέλματα - professions

σφυρί
marteau

πένσα
pinces

κατσαβίδι
tournevis

Γαλλικό κλειδί
clé

φακός
torche

εκσκαφέας

pelleteuse

εργαλειοθήκη

boîte à outils

σκάλα

échelle

πριόνι

scie

καρφιά

clous

τρυπάνι

perceuse

επισκευάζω
réparer

φτυάρι
pelle

Να πάρει!
Mince !

φαράσι
pelle

δοχείο χρωμάτων
pot de peinture

βίδες
vis

μουσικά όργανα

instruments de musique

μεγάφωνο
haut-parleurs

ντραμς
batterie

κιθάρα
guitare

κοντραμπάσο
contrebasse

τρομπέτα
trompette

πιάνο
piano

βιολί
violon

μπάσο
basse

τύμπανα
timbales

τύμπανο
tambour

πλήκτρα
piano électrique

σαξόφωνο
saxophone

φλάουτο
flûte

μικρόφωνο
microphone

είσοδος
entrée

τίγρης
tigre

κλουβί
cage

ζέβρα
zèbre

ζωοτροφή
alimentation animale

πάντα
panda

ζώα
animaux

ελέφαντας
éléphant

καγκουρό
kangourou

ρινόκερος
rhinocéros

γορίλας
gorille

αρκούδα
ours

καμήλα
chameau

στρουθοκάμηλος
autruche

λιοντάρι
lion

πίθηκος
singe

φλαμίνγκο
flamand rose

παπαγάλος
perroquet

πολική αρκούδα
ours polaire

πιγκουίνος
pingouin

καρχαρίας
requin

παγώνι
paon

φίδι
serpent

κροκόδειλος
crocodile

φύλακας ζωολογικού κήπου
gardien de zoo

φώκια
phoque

τζάγκουαρ
jaguar

πόνυ

poney

λεοπάρδαλη

léopard

ιπποπόταμος

hippopotame

καμηλοπάρδαλη

girafe

αετός

aigle

αγριογούρουνο

sanglier

ψάρι

poisson

χελώνα

tortue

θαλάσσιος ίππος

morse

αλεπού

renard

γαζέλα

gazelle

Αμερικάνικο ποδόσφαιρο
american Football

ποδηλασία
cyclisme

αντισφαίριση
tennis

μπάσκετ
basket-ball

κολύμβηση
natation

πυγχαμία
boxe

χόκεϋ επί πάγου
hockey sur glace

ποδόσφαιρο
football

μπάντμιντον
badminton

στίβος
athlétisme

χάντμπολ
handball

σκι
ski

πόλο
polo

γελάω
rire

πηδάω
sauter

αγκαλιάζω
embrasser

περπατάω
marcher

τραγουδάω
chanter

ονειρεύομαι
rêver

προσεύχομαι
prier

φιλάω
faire la bise

γράφω
écrire

σχεδιάζω
dessiner

δείχνω
montrer

πιέζω
pousser

δίνω
donner

παίρνω
prendre

έχω

avoir

κάνω

faire

είμαι

être

στέκομαι

être debout

τρέχω

courir

τραβάω

trier

ρίχνω

jeter

πέφτω

tomber

ξαπλώνω

être couché

περιμένω

attendre

κουβαλώ

porter

κάθομαι

être assis

φοράω

s'habiller

κοιμάμαι

dormir

ξυπνάω

se réveiller

κοιτάω

regarder

κλαίω

pleurer

χαϊδεύω

caresser

χτενίζω

peigner

μιλάω

parler

καταλαβαίνω

comprendre

ρωτάω

demander

ακούω

écouter

πίνω

boire

τρώω

manger

συγυρίζω

ranger

αγαπάω

aimer

μαγειρεύω

cuire

οδηγώ

conduire

πετάω

voler

κάνω ιστιοπλοΐα

faire de la voile

υπολογίζω

calculer

διαβάζω

lire

μαθαίνω

apprendre

δουλεύω

travailler

παντρεύομαι

se marier

ράβω

coudre

βουρτσίζω τα δόντια

brosser les dents

σκοτώνω

tuer

καπνίζω

fumer

στέλνω

envoyer

γιαγιά
grand-mère

παππούς
grand-père

πατέρας
père

μητέρα
mère

μωρό
bébé

κόρη
fille

γιος
fils

καλεσμένος

hôte

θεία

tante

θείος

oncle

αδελφός

frère

αδελφή

sœur

μέτωπο
front

μάτι
œil

ώμος
épaule

δάχτυλο
doigt

πρόσωπο
visage

πιγούνι
menton

χέρι
main

στήθος
poitrine

πόδι
jambe

βραχίονας
bras

μωρό

bébé

άνδρας

homme

γυναίκα

femme

κορίτσι

fille

αγόρι

garçon

κεφάλι

tête

πλάτη

dos

κοιλιά

ventre

αφαλός

nombril

δάχτυλο ποδιού

orteil

φτέρνα

talon

κόκκαλο

os

γοφός

hanche

γόνατο

genou

αγκώνας

coude

μύτη

nez

γλουτός

fesses

δέρμα

peau

μάγουλο

joue

αυτί

oreille

χείλος

lèvre

στόμα

bouche

δόντι

dent

γλώσσα

langue

εγκέφαλος

cerveau

καρδιά

cœur

μυς

muscle

πνεύμονας

poumons

συκώτι

foie

στομάχι

estomac

νεφρά

reins

σεξουαλική επαφή

rapport sexuel

προφυλακτικό

préservatif

ωάριο

ovule

σπέρμα

sperme

εγκυμοσύνη

grossesse

περίοδος

menstruation

γυναικείος κόλπος

vagin

πέος

pénis

φρύδι

sourcil

μαλλιά

cheveux

λαιμός

cou

νοσοκομείο
hôpital

ασθενοφόρο
ambulance

αναπηρικό καροτσάκι
fauteuil roulant

κάταγμα
fracture

γιατρός

médecin

μονάδα εντατικής θεραπείας

service des urgences

νοσοκόμα

infirmière

έκτακτη ανάγκη

urgence

λιπόθυμος

inconscient

πόνος

douleur

τραύμα

blessure

αιμορραγία

hémorragie

έμφραγμα

crise cardiaque

εγκεφαλικό

attaque cérébrale

αλλεργία

allergie

βήχας

toux

πυρετός

fièvre

γρίπη

grippe

διάρροια

diarrhée

πονοκέφαλος

mal de tête

καρκίνος

cancer

διαβήτης

diabète

χειρουργός

chirurgien

νυστέρι

scalpel

εγχείρηση

opération

αξονική τομογραφία

CT

ακτινογραφία

radiographie

υπέρηχος

échographie

μάσκα

masque

ασθένεια

maladie

αίθουσα αναμονής

salle d'attente

πατερίτσα

béquille

χάνσαπλαστ

pansement

επίδεσμος

pansement

ένεση

injection

στηθοσκόπιο

stéthoscope

φορείο

brancard

θερμόμετρο

thermomètre

γέννηση

accouchement

υπέρβαρο

surcharge pondérale

ακουστικό βαρηκοΐας

appareil auditif

αντισηπτικό

désinfectant

λοίμωξη

infection

ιός

virus

HIV/AIDS

VIH / sida

φάρμακο

médicament

εμβολιασμός

vaccination

δισκία

comprimés

χάπι

pilule

κλήση έκτακτης ανάγκης

appel d'urgence

πιεσόμετρο αίματος

tensiomètre

άρρωστος / υγιής

malade / sain

Βοήθεια!

Au secours !

συναγερμός

alarme

βιαιοπραγία

assaut

επίθεση

attaque

κίνδυνος

danger

έξοδος κινδύνου

sortie de secours

Φωτιά!

Au feu!

πυροσβεστήρας

extincteur

ατύχημα

accident

κουτί πρώτων βοηθειών

trousse de premier secours

SOS

SOS

αστυνομία

police

Ευρώπη

Europe

Βόρεια Αμερική

Amérique du Nord

Νότια Αμερική

Amérique du Sud

Αφρική

Afrique

Ασία

Asie

Αυστραλία

Australie

Ατλαντικός Ωκεανός

Océan atlantique

Ειρηνικός Ωκεανός

Océan pacifique

Ινδικός Ωκεανός

Océan indien

Ανταρκτικός Ωκεανός

Océan antarctique

Αρκτικός Ωκεανός

Océan arctique

Βόρειος Πόλος

pôle nord

Νότιος Πόλος

pôle sud

Ανταρκτική

Antarctique

Γη

terre

γη

pays

θάλασσα

mer

νησί

île

έθνος

nation

πολιτεία

état

καντράν ρολογιού

cadran

ωροδείκτης

aiguille des heures

λεπτοδείκτης

aiguille des minutes

δείκτης δευτερολέπτων

aiguille des secondes

Τι ώρα είναι;

Quelle heure est-il ?

ημέρα

jour

χρόνος

temps

τώρα

maintenant

ψηφιακό ρολόι

montre digitale

λεπτό

minute

ώρα

heure

εβδομάδα
semaine

Δευτέρα — lundi
MO

Τετάρτη — mercredi
W

Παρασκευή — vendredi
FR

Τρίτη — mardi
TU

Πέμπτη — jeudi
TH

Σάββατο — samedi
SA

Κυριακή — dimanche
SO

χθες
hier

σήμερα
aujourd'hui

αύριο
demain

πρωί
matin

μεσημέρι
midi

βράδυ
soir

MO	TU	WE	TH	FR	SA	SU
1	2	3	4	5	6	7
8	9	10	11	12	13	14
15	16	17	18	19	20	21
22	23	24	25	26	27	28
29	30	31	1	2	3	4

εργάσιμες ημέρες
jours ouvrables

MO	TU	WE	TH	FR	SA	SU
1	2	3	4	5	6	7
8	9	10	11	12	13	14
15	16	17	18	19	20	21
22	23	24	25	26	27	28
29	30	31	1	2	3	4

Σαββατοκύριακο
week-end

βροχή
pluie

ουράνιο τόξο
arc-en-ciel

χιόνι
neige

άνεμος
vent

άνοιξη
printemps

φθινόπωρο
automne

καλοκαίρι
été

χειμώνας
hiver

πρόγνωση καιρού

météo

θερμόμετρο

thermomètre

λιακάδα

lumière du soleil

σύννεφο

nuage

ομίχλη

brouillard

υγρασία

humidité

αστραπή

foudre

κεραυνός

tonnerre

καταιγίδα

tempête

χαλάζι

grêle

μουσώνας

mousson

πλημμύρα

inondation

πάγος

glace

Ιανουάριος

janvier

Φεβρουάριος

février

Μάρτιος

mars

Απρίλιος

avril

Μάιος

mai

Ιούνιος

juin

Ιούλιος

juillet

Αύγουστος

août

έτος - année

Σεπτέμβριος
....
septembre

Οκτώβριος
....
octobre

Νοέμβριος
....
novembre

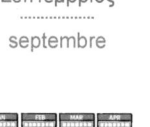

Δεκέμβριος
....
décembre

σχήματα
formes

κύκλος
....
cercle

τετράγωνο
....
carré

ορθογώνιο
παραλληλόγραμμο
rectangle

τρίγωνο
....
triangle

σφαίρα
....
sphère

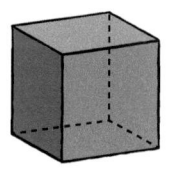

κύβος
....
cube

χρώματα
couleurs

άσπρο

blanc

κίτρινο

jaune

πορτοκαλί

orange

ροζ

rose

κόκκινο

rouge

μωβ

violet

μπλε

bleu

πράσινο

vert

καφέ

marron

γκρι

gris

μαύρο

noir

84   χρώματα - couleurs

πολύ / λίγο

beaucoup / peu

θυμωμένος / ήρεμος

fâché / calme

όμορφος / άσχημος

joli / laid

αρχή / τέλος

début / fin

μεγάλος / μικρός

grand / petit

φωτεινός / σκοτεινός

clair / obscure

αδελφός / αδελφή

frère / soeur

καθαρός / λερωμένος

propre / sale

πλήρης / ατελής

complet / incomplet

ημέρα / νύχτα

jour / nuit

νεκρός / ζωντανός

mort / vivant

φαρδύς / στενός

large / étroit

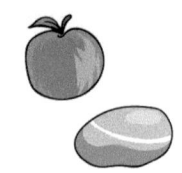

βρώσιμος / μη βρώσιμος

comestible / incomestible

κακός / ευγενικός

méchant / gentil

ενθουσιασμένος / βαριεστημένος

excité / ennuyé

παχύς / λεπτός

gros / mince

πρώτος / τελευταίος

premier / dernier

φίλος / εχθρός

ami / ennemi

γεμάτος / άδειος

plein / vide

σκληρός / μαλακός

dur / souple

βαρύς / ελαφρύς

lourd / léger

πείνα / δίψα

faim / soif

άρρωστος / υγιής

malade / sain

παράνομος / νόμιμος

illégal / légal

έξυπνος / χαζός

intelligent / stupide

αριστερός / δεξιός

gauche / droite

κοντινός / μακρινός

proche / loin

καινούριος /
μεταχειρισμένος

nouveau / usé

τίποτα / κάτι

rien / quelque chose

γέρος | νέος

vieux / jeune

αναμμένος / σβηστός

marche / arrêt

ανοιχτός / κλειστός

ouvert / fermé

χαμηλόφωνος /
μεγαλόφωνος
faible / fort

πλούσιος / φτωχός

riche / pauvre

σωστός / λανθασμένος

correct / incorrect

τραχύς / λείος

rugueux / lisse

λυπημένος / χαρούμενος

triste / heureux

κοντός / μακρύς

court / long

αργός / γρήγορος

lent / rapide

υγρός / στεγνός

mouillé / sec

ζεστός / δροσερός

chaud / froid

πόλεμος / ειρήνη

guerre / paix

αντίθετα - oppositions

0

μηδέν

zéro

1

ένα

un / une

2

δύο

deux

3

τρία

trois

4

τέσσερα

quatre

5

πέντε

cinq

6

έξι

six

7

εφτά

sept

8

οκτώ

huit

9

εννιά

neuf

10

δέκα

dix

11

έντεκα

onze

12
δώδεκα

douze

13
δεκατρία

treize

14
δεκατέσσερα

quatorze

15
δεκαπέντε

quinze

16
δεκαέξι

seize

17
δεκαεφτά

dix-sept

18
δεκαοκτώ

dix-huit

19
δεκαεννέα

dix-neuf

20
είκοσι

vingt

100
εκατό

cent

1.000
χίλια

mille

1.000.000
εκατομμύριο

million

Αγγλικά

anglais

Αμερικάνικα Αγγλικά

anglais américain

Μανδαρίνικα Κινέζικα

chinois mandarin

Χίντι

hindi

Ισπανικά

espagnol

Γαλλικά

français

Αραβικά

arabe

Ρώσικα

russe

Πορτογαλικά

portugais

Μπενγκάλι

bengali

Γερμανικά

allemand

Ιαπωνικά

japonais

εγώ

je

εσύ

tu

αυτός / αυτή / αυτό

il / elle / ce, c', cela

εμείς

nous

εσείς

vous

αυτοί / αυτές / αυτά

ils / elles

ποιος / ποια / ποιο;

Qui ?

τι;

Quoi ?

πώς;

Comment ?

πού;

Où ?

πότε;

Quand ?

όνομα

nom

πίσω

derrière

μέσα

dans

μπροστά

devant

πάνω από

au-dessus

πάνω

sur

κάτω

en-dessous

δίπλα

à côté de

ανάμεσα

entre

μέρος

lieu